DIETRICH GRÖNEMEYER
ANJA RUSCH

KOST-FAST-NIX №1

systemed

INHALT

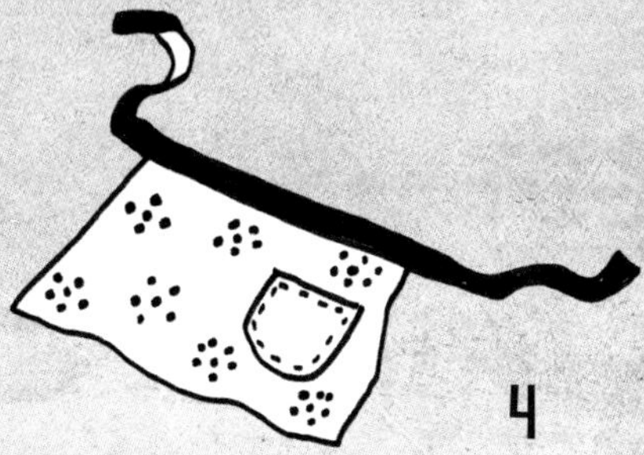

EIN, ZWEI SÄTZE NOCH ...

… dann kann es losgehen mit einer der besten Sparmaßnahmen in Deiner Küche.

Mit diesem kleinen Kochbuch haben wir eine Idee umgesetzt, die auf den ersten Blick viel mit günstigem Einkaufen und auf den zweiten mindestens ebenso viel mit Genuss, Gesundheit und Lebensfreude zu tun hat. In meiner Praxis höre ich es immer wieder, wenn wir auf das Thema Ernährung zu sprechen kommen, dass „gutes“ (gemeint ist damit auch gesundes) Essen ja so teuer sei und es sich nur wenige leisten können. Ich werde dann nicht müde zu erklären, dass genau das Gegenteil der Fall ist.

Denn eine selbst zubereitete Mahlzeit ist in aller Regel viel günstiger als jedes Fertiggericht und kann trotzdem schnell auf dem Tisch stehen! Außerdem macht es auch geschmacklich einen gewaltigen Unterschied, ob ich mir meine Pizza selbst mit frischen Zutaten belege oder meinen Burger selbst brate. Mmmmh, wie lecker das duftet. Schon beim Gedanken daran läuft mir das Wasser im Mund zusammen. Und das alles geht ohne unerwünschte Zusatzstoffe und sogar in Bio-Qualität. In diesem Mini-Kochbuch findest Du eine kleine, aber feine Sammlung von Fastfood- und Lieblingsrezepten – auch für Veggies! – zum Selbermachen.

Wir wünschen viel Spaß beim Sparen, Kochen und Genießen und vor allem:

Guten Appetit!

Prof.em. Dr.med Dietrich Grönemeyer

KOCHEN MACHT SO VIEL SPASS!

Nein, das ist kein normales Kochbuch! Es ist DAS Buch, das Dein Leben ab sofort leckerer, lebenswerter, gesünder und vor allem viel billiger macht. Wie das mit viel Spaß in der Küche funktioniert, ohne lang herumlesen zu müssen, erfährst Du hier.

10 LIEBLINGS-KOST-FAST-NIX-LEBENSMITTEL

Dass Essen satt machen kann, hat sich ja schon rumgesprochen. Du kennst bestimmt ein paar Lebensmittel, die Dir schmecken, frisch sind und gar nicht so teuer. Oder? Aber: Kennst Du auch die besten der Besten? Hier haben wir 10 günstige und gesunde Lebensmittel zusammengestellt, die alle weniger als 1 Euro pro Portion kosten!

Jedes Gemüse ist in Bio besser. Schau mal, ob Du es bei Deinem Discounter findest.

1. APFEL

Billig gesund essen einfach gemacht: Ein Apfel am Tag liefert für den Körper wichtiges Vitamin C. Ob pur als Rohkost, als Pausensnack, im Müsli oder Kuchen – Äpfel schmecken immer und sind das ganze Jahr über frisch zu kaufen.

2. BOHNEN

Diese Energiepakete: Sie sind reich an Eiweiß und Ballaststoffen und enthalten eine beachtliche Menge Kalzium für Knochen und Zähne, Kalium für Muskeln und Nerven und Folsäure für Haut und Nägel. Kleiner Tipp: Schwarze Bohnen enthalten viele zellschützende Stoffe.

3. BROKKOLI

Brokkoli ist ein echtes Superfood und liefert viel Eisen. Es schmeckt als gegartes Gemüse, Rohkost oder auch in Form würziger Sprossen. Das grüne Kohlgemüse regt im Körper die Bildung eines Stoffes an, der Krebs vorbeugen kann. Wichtig ist, dass Du das Gemüse auch richtig zubereitest. Am besten gibst Du den Brokkoli in einen Topf mit ein wenig heißer Gemüsebrühe und dünstest ihn 5 Minuten bei mittlerer Hitze. Dann ist er noch bissfest und hat alle tollen Inhaltsstoffe in sich.

4. GRÜNKOHL

Grünkohl ist der absolute Spitzenreiter, wenn es um den Gehalt an Antioxidantien geht. Diese schützen vor freien Radikalen. Außerdem ist das Wintergemüse reich an Vitamin A, C und K (wichtig für das Zellwachstum), Ballaststoffen, Kalzium und Kalium. Schmeckt als Beilage oder frisch aus dem Ofen als Chips.

5. HAFERFLOCKEN

Ob im Frühstücksmüsli mit Obst und Joghurt oder zum Backen – Haferflocken sind immer eine gute und günstige Wahl. Sie sind ballaststoffreich, gut für die Verdauung und binden Cholesterin aus der Galle.

6. JOGHURT

Wie andere Milchprodukte auch, liefert Joghurt reichlich Eiweiß und Kalzium. Genieße ihn zum Frühstück mit Müsli oder als Snack zwischendurch.

➔TIPP Fruchtjoghurt kannst Du ganz einfach selber machen – da steckt dann wirklich Obst drin und nicht irgendwelche unerwünschten Zusatzstoffe! Obst Deiner Wahl waschen, schälen, das Fruchtfleisch klein schneiden oder mit dem Stabmixer pürieren und untermixen.

7. TOMATEN

In Tomaten steckt viel Lykopin – das ist ein Pflanzenschutzstoff mit zell- und hautschützender Wirkung. Das Tolle: Lykopine aus verarbeiteten Produkten wie Dosentomaten, Ketchup oder Tomatenmark sind noch besser im Körper verwertbar als frische Tomaten. Ein Hoch auf Spaghetti mit Tomatensauce!

8. KARTOFFELN

Von Natur aus ist die Kartoffel ideal zusammengesetzt. Sie liefert nur wenige Kalorien, dabei aber schnelle Energie aus ihrer Stärke. Besonders wertvoll ist das Kartoffeleiweiß. Je stärker die Knolle industriell verarbeitet ist (als Pommes oder Chips), desto „schwergewichtiger“ wird sie. Vergleicht man außerdem die Grundpreise von frischen Kartoffeln pro Kilo mit dem Grundpreis eines Fertigprodukts, wie etwa Pommes, stellt man fest, dass sich Selbermachen lohnt. TK-Backofenpommes kosten bis zu 4-mal mehr als frische Kartoffeln! Tolle Kartoffelrezepte findest Du auf den Seiten 50, 52, 54 und 56.

9. EIER

Eier sind – vor allem in Bio-Qualität – eine hochwertige Eiweißquelle. Eiweiß liefert das Baumaterial für unsere Muskeln, Organe, Haut, Haare und Nägel. Auch unser Immunsystem funktioniert nur mit Eiweiß optimal. Und Eiweiß ist ein toller Abnehmhelfer, weil es gut satt macht. Deshalb müssen wir auf eine ausreichend hohe Zufuhr achten. Das gilt auch für Kinder. Probier doch mal Rührei (Rezept siehe Seite 15) oder einfach einen Strammen Max (Rezept siehe Seite 74).

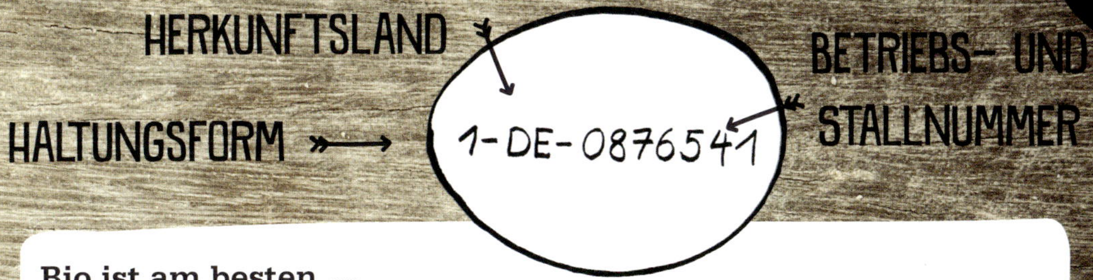

Bio ist am besten …

… auch für die Tiere. Dann werden die Legehennen am artgerechtesten gehalten und das merkst Du auch am Geschmack der Eier. Die Hühner haben Auslauf, Staubbäder und Bio-Futter. Das Ergebnis: Eier mit schön gelbem Dotter, was an den gesunden Karotinoiden aus dem Frischfutter liegt. Außerdem sind Bio-Eier frei von Medikamentenrückständen wie Antibiotika oder Mitteln gegen Parasiten.

An dem Stempel auf den Eiern erkennst Du, aus welcher Haltung sie stammen:

0 = ÖKOLOGISCHE ERZEUGUNG („BIO-EIER"): Futter aus ökologischem Anbau, Auslaufhaltung, Belegdichte im Stall höchstens 6 Legehennen pro m^2.

1 = FREILANDHALTUNG: Stallhaltung wie bei Bodenhaltung, zusätzlich tagsüber Auslauf ins Freie; jedem Huhn stehen im Auslauf mindestens 4 m^2 Fläche zur Verfügung.

2 = BODENHALTUNG: Stallhaltung, 9 Tiere auf 1 m^2 ohne Auslauf; ein Drittel des Stalls ist eingestreut, um den Hennen artgerechtes Verhalten zu ermöglichen; Nester auf mehreren Etagen.

SO VIELSEITIG!

DAS PERFEKTE FRÜHSTÜCKSEI: Das Ei eine Weile vor dem Kochen aus dem Kühlschrank nehmen und Wasser aufkochen. Dann das Ei anpieksen (so kannst Du verhindern, dass es platzt) und ins kochende Wasser geben.

Wenn Du es wachsweich magst – also festes Eiweiß, flüssiges Eigelb –, dauert es bei mittlerer Größe (M) ca. 6 Minuten. Wenn Du das Eiweiß etwas weicher magst, peile 5,5 Minuten an. Soll beides eher fest sein, dann stelle die Eieruhr auf 6,5 bis 7 Minuten Kochzeit ein. Hart wird das Ei ab 7,5 Minuten. Bei großen Eiern (L) verlängert sich die Kochzeit um 25 bis 50 Sekunden, bei kleineren Eiern verkürzt sich die Kochzeit um 20 bis 45 Sekunden. (Quelle: Springlane)

➲TIPP Hart gekochte Eier nicht abschrecken. Das verkürzt ihre Haltbarkeit. Sie sind der ideale gesunde Pausen-snack für zwischendurch. Du kannst ruhig 2 Eier pro Tag genießen, so versorgst Du Deinen Körper mit hochwertigem Eiweiß, das auch gut satt macht.

REZEPT: RÜHREI

Für die Grundmischung (für 2 Personen) verquirlst Du 4 Eier (M) mit 8 EL Milch oder Sahne und Salz und Pfeffer nach Geschmack. 2 TL Butter in eine beschichtete Pfanne geben und erhitzen. Die verquirlten Eier eingießen und bei schwacher Hitze stocken lassen. Zwischendurch mit einem Pfannenwender vorsichtig umrühren, bis das Rührei cremig und nicht braun ist.

TIPP Du kannst das Rührei mit Tomaten- oder Schinkenwürfeln und gedünsteten Zwiebelstückchen pimpen oder Du gibst zum Schluss klein geschnittenen Rucola oder Petersilie und Parmesanspäne dazu. Lecker sind auch 6 klein geschnittene gedünstete Champignons und 2 in Ringe geschnittene Lauchzwiebeln.

➲ TIPP:
Beim Wasserwirtschaftsamt nachfragen, ob das Wasser für die Zubereitung von Babynahrung geeignet ist

10. WASSER

Für den Körper ist es lebenswichtig, weil nur durch Wasser wichtige Stoffe vom Körper aufgenommen, transportiert und verdaut werden können. Also immer ausreichend trinken – mindestens 1,5 Liter am Tag. Das gibt es in den meisten Städten in Deutschland in guter Qualität und kostenfrei aus dem Wasserhahn.

➲TIPP Apfelschorle hat viele Kalorien, Bier auch und Wasser ist zwar das gesündeste Lebensmittel, aber manchmal ein bisschen langweilig! Ein Trend auf Instagram und Co.: Wenn Du frisches Obst, Gemüse und Kräuter zugibst, schmeckt Wasser einfach nur noch superlecker – und ist oft noch gesünder, denn die Zutaten geben jede Menge Vitamine, Mineralstoffe und Pflanzenstoffe an das Wasser ab. Und die nimmst Du dann durch das Trinken ganz einfach auf. Außerdem lösen die Zutaten bestimmte Funktionen im Körper aus.

REZEPT: GURKEN-ZITRONEN-WASSER

½ Bio-Zitrone in feinen Scheiben + ¼ Bio-Gurke in feinen Scheiben + Eiswürfel nach Belieben in einen Krug mit 2 Liter stillem Wasser geben.
Umrühren, fertig!

REZEPT: HIMBEER-MINZE-WASSER

1 Bio-Zitrone in feinen Scheiben + 100 g (TK) Himbeeren + 10 Minzblätter + Eiswürfel nach Belieben in einen Krug mit 2 Liter stillem Wasser geben.
Umrühren, fertig!

KOST-FAST-NIX GEHT AUCH MIT BIO!

Günstig Lebensmittel einzukaufen bedeutet nicht, dass Du auf Qualität und Nachhaltigkeit verzichten musst. Bio-Produkte gibt es an immer mehr Orten zu kaufen. Nicht mehr nur im kleinen (eher teuren) Laden oder auf dem Markt, sondern zunehmend auch im normalen Supermarkt und sogar im Discounter. Bio-Supermärkte haben sogar ein hundertprozentiges Bio-Sortiment.

Warum Bio besser ist: Viele Menschen finden Bio-Lebensmittel schmackhafter und aromatischer als konventionelle oder Industrieware. Doch es sprechen auch zahlreiche andere Fakten für ökologischen Anbau von Gemüse und Obst sowie artgerechte Tierhaltung.

GEMÜSE & OBST: Auch wenn nicht jeder Apfel und jede Möhre gleich perfekt aussehen, die inneren Werte von Bio-Obst, Bio-Gemüse und auch Bio-Trockenware (Mehl, Getreide etc.) sind einfach besser. Eine Untersuchung der University of California zeigte, dass die frischen Früchte und Gemüse reich an gesundheitlich wertvollen sekundären Pflanzenstoffen sind. Das sind Stoffe, die helfen, den Körper gesund zu erhalten, und die nur in frischen Lebensmitteln enthalten sind. Das heißt, sie lassen sich nicht im Chemielabor nachbilden und als Pille einnehmen.

Außerdem sind Bio-Lebensmittel laut Monitoring deutlich geringer durch Pflanzenschutzmittel belastet und belasten damit nicht uns als Endverbraucher. Bio-Salate und Gemüse wie Gurke, Tomate, Spinat, Rauke und Kohl speichern außerdem weniger Nitral als die mit Stickstoff gedüngten Verwandten aus Massenanbau.

➔TIPP Bio lohnt sich besonders bei Erdbeeren, Gurken, Paprikaschoten und Weintrauben, denn die sind oft stark belastet.

➔ **TIPP:** Und was ist mit Fisch? Einen Tipp für den Fischkauf findest Du auf Seite 43.

FLEISCH & WURST: Artgerechte Tierhaltung und Bio-Futter bedeuten für die Schweine, Rinder, Hühner und Co. ein besseres Leben und für Dich als Endverbraucher ein wohlschmeckendes Fleisch ohne Rückstände von Arzneimitteln. Studien haben gezeigt, dass Bio-Fleisch dafür reich an wertvollem Vitamin B12 und ungesättigten Fettsäuren ist. Ein Kennzeichen: Bio-Fleisch schrumpft beim Anbraten in der Pfanne nicht zusammen wie Fleisch aus konventioneller Haltung. Denn diese Tiere neigen durch den Einsatz von Medikamenten und Stress zur vermehrten Einlagerung von Wasser. Auch Bio-Wurst ist frei von Chemie, weil bei der Herstellung auf Nitrat und Phosphat verzichtet wird.

HAPPY MEAL PROJECT

Im April 2010 kaufte die New Yorker Fotografin Sally Davies bei McDonald's einen Hamburger und eine Portion Pommes. Beides legte sie auf ein Fensterbrett und fotografierte es immer wieder, ein halbes Jahr lang. Was geschah? Der Hamburger roch nach einem Tag nach nichts mehr und versteinerte langsam, wie auch die Pommes Frites. Sie schimmelten nicht und zersetzten sich auch nicht wie ein richtiges Lebensmittel. Das liegt an ihrem hohen Salzgehalt. Dass das Brötchen nicht schimmelt, liegt vermutlich an den Konservierungsstoffen Kalzium- und Natriumpropionat. Trotzdem Lust auf Burger? Kein Problem. Probiere einfach den selbstgemachten von Seite 76. Schmeckt besser und ist viel günstiger, sogar mit Bio-Fleisch!

www.sallydaviesphoto.com

MILCH & KÄSE: Bio-Milch ist schadstofffrei, was allerdings auch für normale Frischmilch gilt. Bei konventionellem Käse werden in der Herstellung vergleichsweise viele Zusatzstoffe (zum Beispiel Nitrat sowie das Antibiotikum Natamycin) verwendet und auch oft sehr viel Salz. Bio-Käse hingegen ist frei von diesen Stoffen.

GUT ZU WISSEN:

Bis zu 50 Prozent teurer kann Bio-Food im Vergleich zu konventionellem Essen sein. Bei Fleisch und Fisch sind die Preisunterschiede am größten. Klar, denn hier geht es um artgerechte Haltung und letztlich auch um besseren Geschmack. Das kostet schon in der Herstellung mehr.

★ Konkurrenzlos billig: Trotzdem kannst Du hochwertige Lebensmittel kaufen und dabei Geld sparen, wenn Du beispielsweise in Discountern mit Bio-Sortiment einkaufst (bei ALDI bekommst Du zum Beispiel frische Lebensmittel wie Kartoffeln, Hackfleisch, Milch, Butter, Sahne und Joghurt in Bio-Qualität sowie die Gut-Bio-Produkte mit Aufstrichen, Säften und Kaffee).

★ Günstige Preise bei großer Auswahl: Hier lohnt sich der Einkauf im Bio-Supermarkt wie Alnatura, Erdkorn oder Budnikowsky. Hin und wieder stößt man hier auf überteuerte frische Lebensmittel (Zitronen oder Salatköpfe), deshalb Augen auf! Auch konventionelle Supermärkte wie die Handelsgruppe REWE warten mit einem Bio-Sortiment auf.

DIE WICHTIGSTEN BIO-SIEGEL AUF EINEN BLICK

National und international gibt es vier Siegel: Bio, Demeter, Bioland und Naturland. Alle stehen für Bio-Kost, doch gibt es hier einige Unterschiede. So haben die nationalen Verbände strengere Richtlinien als die EU. Was die Siegel im Einzelnen bedeuten, erfährst Du hier.

Deutsches Bio-Siegel, EU-Bio-Siegel

Hinter beiden Siegeln steht die EU-Öko-Verordnung. Sie werden parallel verwendet, dabei ist das EU-Siegel mittlerweile verpflichtend. Die wesentlichen Kriterien für das Bio-Siegel sind:

- ★ weitgehendes Verbot chemisch synthetischer Pflanzenschutzmittel und synthetischer Düngemittel
- ★ Gebrauch von Tierantibiotika stark eingeschränkt
- ★ kein Einsatz gentechnisch veränderter Organismen (GVO)
- ★ Es gelten Mindeststandards für artgerechte Tierhaltung.

Insgesamt: Besser als konventionell, lässt aber noch viel Spielraum.

Demeter

Das Demeter-Bio-Siegel garantiert eine biologisch-dynamische Wirtschaftsweise nach äußerst strengen anthroposophischen Richtlinien. Diese sind geprägt von dem Respekt vor allen natürlichen Lebens- und Wachstumsprozessen, der Lebendigkeit von Böden, Pflanzen und Tieren. Nur streng kontrollierte Vertragspartner dürfen ihre Produkte mit dem Siegel kennzeichnen. Die ganzheitlichen Demeter-Ansprüche gehen weit über die EU-Bio-Richtlinien hinaus. Ein Demeter-Betrieb muss zur Gänze auf eine biologisch-dynamische Wirtschaftsweise umgestellt werden.

Bioland

Etwa 4.500 Bio-Bauern, 700 Bäckereien, Metzgereien, Molkereien, Brauereien, Mühlen und andere Lebensmittelhersteller arbeiten nach den Richtlinien des größten Verbandes in Deutschland. Garantiert wird mit dem Bioland-Siegel ein organisch-biologischer Anbau ohne Kunstdünger und Pestizide. Bio-Saatgut ist ebenso vorgeschrieben wie eine naturheilkundliche Behandlung von kranken Tieren.

Naturland

Produkte mit dem Naturland-Bio-Siegel werden in ganzheitlich wirtschaftenden Betrieben nach strengen biologischen Standards erzeugt. Naturland gehört seit 1982 zu den bekannten Zertifizierungsorganisationen für Produkte aus ökologischem Landbau und betreut etwa 36.000 Landwirte und Erzeugergruppen.

DIE 10 BESTEN KÜCHENKRÄUTER

Ein gesundes Leben besteht aus vielen kleinen Bausteinen. Einer davon – und er ist einer der wichtigsten – ist unsere Ernährung. Essen kann mitunter sogar wie ein Heilmittel wirken, wenn Du zum Beispiel geschickt mit Kräutern würzt. Dabei geht nichts über das frische Kraut, der Körper kann die Wirkstoffe aus der ganzen Pflanze einfach am besten nutzen. Bei speziellen Beschwerden kannst Du auch vermehrt mit besonderen Kräutern würzen oder sie als Heiltee aufgießen. Alle Küchenkräuter gibt es frisch im Supermarkt oder Du ziehst sie selbst auf Deiner Fensterbank.

BASILIKUM: Krause und glatte, rote und violette, hell- und dunkelgrüne, groß- und kleinblättrige Sorten Basilikum warten aufs Probekochen. Mal duftet das Kraut nach Gewürznelken, Zimt oder süß und blumig. Der intensive scharf-süße Duft macht das Basilikum appetitanregend. Und der hohe Gehalt an ätherischen Ölen im Basilikum wirkt beruhigend auf den Magen und den Darm.

DILL: Beliebt zu Fisch und im Gurkensalat. Das Küchenkraut hilft gegen Verdauungsbeschwerden. Abends als Tee getrunken auch gegen Schlafstörungen.

ESTRAGON: Der Klassiker aus der französischen Küche wird hier im frischen Salat geschätzt. Die darin enthaltenen Bitterstoffe regen die Verdauung an. Die Mischung der Inhaltsstoffe bringt außerdem den Stoffwechsel in Fahrt.

KRESSE: Die Keimlinge der Gartenkresse bekommst Du in einer Schale in der Gemüseabteilung, oft auch in Bio-Qualität. Sie sollte auch frisch verwendet werden. Ihr hoher Gehalt an Vitamin C, Eisen, Kalzium und Folsäure ist gut für uns. Sie wirkt anregend, wenn man sich schlapp fühlt.

OREGANO: Als reines Pizzagewürz ist er viel zu schade, obwohl die Pizza ohne ihn auch nicht das wäre, was sie ist. Die Heilwirkung kannte schon der Urvater aller Ärzte, Hippokrates, und setzte das Kraut gegen Magen- und Darmkrämpfe ein.

PETERSILIE: Ein Heilkraut der ersten Stunde und nicht nur bei uns, sondern auch in der orientalischen Küche unverzichtbar. Mittlerweile ist die Variante mit den glatten Blättern beliebter als die krause. Am besten kurz vor dem Servieren aufstreuen, sonst verliert es an Aroma. Der hohe Vitamin-C-Gehalt stärkt das Immunsystem, wirkt beruhigend auf Magen und Darm.

MINZE: Pfefferminze kannst Du frisch und getrocknet verwenden. Als Tee kennt sie jedes Kind, schmeckt aber auch gut in der orientalischen Küche oder als leckere Beigabe in frischem Wasser. Minze lindert Übelkeit und wirkt krampflösend.

TIPP:
Kräutertöpfe aus dem Supermarkt kannst Du auch gut in den Garten oder einen Topf auf dem Balkon umpflanzen.

ROSMARIN: Das holzige Kraut aus der Mittelmeerküche kann man gut erhitzen und auch getrocknet verwenden. Als Tee beruhigt es die Nerven bei Kopfschmerzen, Stress und Depression, auch gut bei Kreislaufbeschwerden. Die ätherischen Öle werden außerdem in der Aromatherapie eingesetzt, sie sind krampf- und schleimlösend.

SALBEI: Das aromatisch duftende Küchenkraut verträgt auch Hitze. Als Heilkraut ist es vielfältig in seiner Wirkung und kann als Tee bei Halsschmerzen eingesetzt werden. Bei einer Antibiotika-Therapie beruhigt es den Magen und hilft gegen übermäßiges Schwitzen.

SCHNITTLAUCH: Das Kraut am besten immer frisch verbrauchen. Man kann übrigens auch die Blüten essen. Neben Vitamin C enthält es viel von dem „Augen"-Vitamin A. Es wirkt wie alle Lauchsorten antibakteriell, harntreibend und beugt Arterienverkalkung vor.

DEIN KOST-FAST-NIX-KÜCHEN-STARTER-PAKET

Selbst kochen ist die beste und gesündeste Art, beim Essen zu sparen. Außerdem weißt Du immer ganz genau, was in Deinem Essen steckt. Kochen macht noch mehr Freude, wenn Du das richtige Werkzeug zur Hand hast. Übrigens: Alle Sachen gibt es auch sehr günstig auf Flohmärkten zu erstehen. Und viele Discounter haben gelegentlich günstige Angebote für Töpfe, Messer und dergleichen. Mit diesen Grundwerkzeugen und einem Basisvorrat (siehe Seite 40) kannst Du gleich loslegen.

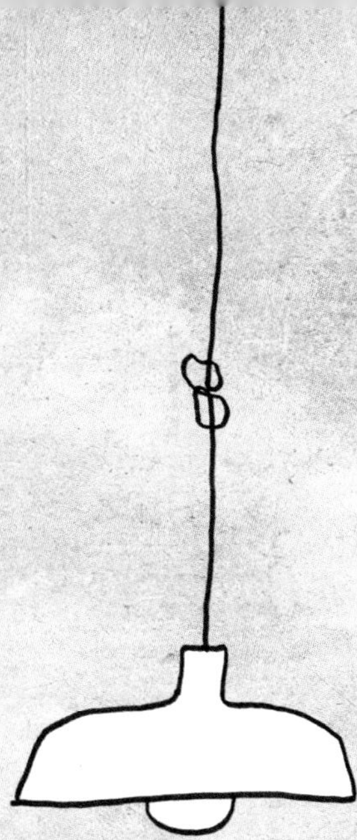

DAS KANNST DU ABHAKEN:

- [ ] KÜCHENWAAGE & MESSBECHER
- [ ] FEINES SIEB & GROBES SIEB
- [ ] 1 ODER 2 SCHNEIDEBRETTER AUS HOLZ ODER KUNSTSTOFF
- [ ] VIERKANTREIBE
- [ ] 1 KLEINES GEMÜSEMESSER
- [ ] 1 GRÖSSERES KOCHMESSER
- [ ] 1 BROTMESSER MIT SÄGE
- [ ] 1 SPARSCHÄLER
- [ ] RÜHRSCHÜSSELN IN VERSCHIEDENEN GRÖSSEN
- [ ] 3 TÖPFE MIT DECKEL (5 L, 3 L, 1–2 L)
- [ ] 3 BESCHICHTETE PFANNEN IN 3 GRÖSSEN MIT DECKEL
- [ ] 1 AUFLAUFFORM
- [ ] HANDRÜHRGERÄT

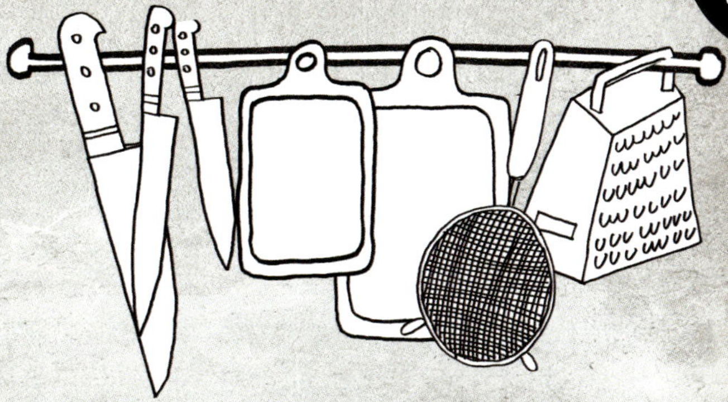

- [ ] PÜRIERSTAB
- [ ] SCHNEEBESEN
- [ ] KOCHLÖFFEL
- [ ] SUPPENLÖFFEL
- [ ] SCHAUMKELLE
- [ ] PFANNENWENDER
- [ ] BACKFORMEN
- [ ] NUDELHOLZ
- [ ] VERSCHLIESSBARE BOXEN
- [ ] SILIKONPINSEL
- [ ] KORKENZIEHER
- [ ] ZITRUSPRESSE

10 (PLUS 3) EINKAUFSTIPPS FÜR KOST-FAST-NIX-FANS

1. TIMING IST ALLES

Um den Großteil Deiner Lebensmittel preiswert zu bekommen, ist der Einkauf im Discounter wahrscheinlich die günstigste Möglichkeit. Doch auch hier musst Du genau hinschauen, um nicht in Preisfallen zu tappen. Ein großer Wocheneinkauf macht Sinn. Wenn Du Dir den statt freitagvormittags am Donnerstag- oder Freitagabend vornimmst, kannst Du Einiges sparen. Denn dann senken die Supermärkte die Preise bei Obst und Gemüse, da morgens frische Ware geliefert wird. Unter der Woche kaufst Du am besten nur noch ein- bis maximal zweimal frische Produkte wie Brot, Brötchen, Obst oder Bio-Fleisch ein. Das Vergleichen lohnt sich. Nicht immer ist der Discounter günstiger als vielleicht der Wochenmarkt oder der Getränkehändler an der Ecke.

2. ESSENSPLAN MACHEN

Mit einem Speiseplan weißt Du genau, welche Lebensmittel Du für eine Woche benötigst, und kannst diese – bis auf frisches Obst und Gemüse – auf einmal einkaufen. Das spart Zeit und natürlich Geld. Vor allem, wenn Du vorher die Werbeangebote checkst. Gibt es Suppenhühner im Angebot, steht eine Hühnersuppe mit Nudeln auf dem Plan, aus günstigem Hackfleisch machst Du einmal Frikadellen mit Kartoffelbrei und Salat. Bei einem Speiseplan für die Familie sollte jeder für eine Mahlzeit Stimmrecht haben, so hat jeder etwas, worauf er sich freuen kann.

3. VORBEREITUNG IST ALLES

Ohne Plan geht gar nichts. Wenn Du einen Wochenplan hast und einen Basisvorrat (siehe Seite 40), ist es einfach, den Überblick zu behalten und unnötige Käufe zu vermeiden. Halte Dich an Deine Einkaufsliste, die Du auch auf Deinem Smartphone führen kannst. Dazu notierst Du über die Woche die Dinge, die ausgegangen sind und die Du zusätzlich brauchst. Kontrolliere vor dem Einkauf nochmal den Kühlschrank, die Obstschale und die Vorratsschränke (für Mehl, Zucker, Salz, Reis, Nudeln).

4. SCHLAU KOMBINIEREN

Auch die Zutaten für Deine Mahlzeiten sind entscheidend. Wenn Du viel Fleisch isst, kostet das mehr, als wenn Du frische Kartoffelpuffer oder eine Reis-Gemüsepfanne zauberst. Übrigens: Zu einer ausgewogenen Ernährung gehören Fleisch und Fisch nicht unbedingt dazu. Wenn Du Dich vegetarisch mit Milch, Milchprodukten und Eiern ernährst, kommst Du auch ganz ohne aus. Wer gerne Fleisch und Fisch mag, sollte höchstens zweimal in der Woche Fleisch und einmal pro Woche Fisch essen.

5. NO-NAME SCHMECKT AUCH

Kaufe nicht nur Markenprodukte, auch No-Name-Produkte oder Eigenmarken von Supermarktketten sind oft bei gleicher Qualität preiswerter oder identisch. Meistens stehen diese Produkte in den unteren Reihen der Regale, sodass man sich bücken muss.

6. SATT EINKAUFEN

Nie mit leerem Magen einkaufen! Dann wandert trotz Einkaufszettel viel mehr in den Einkaufswagen als vorgesehen. Und das wird dann oft schlecht und muss weggeworfen werden.

7. GEHT NOCH

Achte im Supermarkt auf Artikel, die das Mindesthaltbarkeitsdatum bereits überschritten haben oder nur noch ein paar Tage haltbar sind. Die gibt es meistens billiger und sind noch ausgezeichnet. Dies gilt nicht für Fleisch.

8. SAISONAL UND REGIONAL EINKAUFEN

Bei Obst und Gemüse immer saisonale und regionale Ware einpacken. Erdbeeren kosten im Dezember viel mehr als im Sommer und schmecken längst nicht so gut. Was gerade Erntezeit hat und aus dem heimischen Anbau und aus Lagerhaltung stammt, siehst Du auf einem Saisonkalender. Viele Obst- und Gemüsesorten lassen sich prima einfrieren und auch einmachen. Du findest Kalender im Internet, zum Beispiel unter: www.regional-saisonal.de/saisonkalender. Für Deine Gesundheit und die Deiner Lieben ist das übrigens das Beste, was Du tun kannst, denn Dein Körper hat sich über viele Generationen hinweg an regional angebaute Obst- und Gemüsesorten angepasst.

➲ TIPP Im Sommer gibt es Obst oft ganz umsonst. Du kannst Holunderbeeren sammeln für Saft und Gelee, Brombeeren, Himbeeren oder Heidelbeeren so zum Naschen und für Marmelade. Im Wald oder in verwilderten Gebieten gibt es meist Früchte zum Mitnehmen am Wegesrand.

SPEZIAL-SPARREZEPT: ERDBEERKONFITÜRE

FÜR CA. 4 GLÄSER À 250 ML

1. 1,2 kg Erdbeeren waschen, putzen und klein schneiden (ergibt ca. 1 kg Fruchtfleisch).

2. Mit 500 g Gelierzucker 2:1 in einem großen Topf mischen und 2 Stunden zugedeckt Saft ziehen lassen.

3. 4 EL Zitronensaft unterrühren und nach Belieben eine beim Backen übrig gebliebene und ausgekratzte Vanilleschote einlegen. Aufkochen, 4 Minuten sprudelnd kochen und dabei oft umrühren. Schaum mit einer Schaumkelle abnehmen und die Konfitüre in saubere Schraubgläser füllen. Deckel drauf und 5 Minuten auf den Kopf stellen.

9. DER BROT-TRICK

Am Bäckerstand in Deinem Supermarkt kannst Du vor Feierabend gutes Brot zu einem Bruchteil des Preises einkaufen.

➔TIPP Trockene Brötchen können wieder knusprig werden, wenn Du sie mit Wasser beträufelst und im Ofen aufwärmst. Oder Du machst Semmelbrösel daraus.

10. SELBST BACKEN

Backe Brot, Kuchen und Pizza selber. Es gibt fertige Backmischungen zu kaufen. Ein Kürbiskernbrot kostet so zwischen 40 Cent und 1 Euro, ein ganzer Obstkuchen so viel wie ein Stück beim Bäcker!

➔TIPP Gib Deinem Kind ein selbst gemachtes Pausenbrot, Obst, Gemüse- und Käsesticks und eine Flasche Wasser mit statt Geld für den Bäcker. Auch wenn Du Dich verpflegen musst, ist eine gefüllte Trinkflasche, ein Salat to Go oder ein Gericht, das Du zum Aufwärmen in der Plastikdose mitnimmst, immer günstiger als Kantinenessen.

DER KOST-FAST-NIX-VORRAT

Ein Vorrat an Nahrungsmitteln schont die Haushaltskasse, da Du Sonderangebote nutzen kannst und kleine zusätzliche Einkäufe wegfallen. Und schaffst Du es mal nicht in den Supermarkt, weil ein Termin dazwischenkommt oder ein Kind krank ist, kannst Du ganz schnell ein leckeres Essen zaubern. Die Mengen richten sich ganz nach der Anzahl der Familienmitglieder und ihren Essgewohnheiten.

ALLES FRISCH:

Frisches Gemüse und Blattsalate, je nach Angebot und Jahreszeit (im Gemüsefach im Kühlschrank lagern, außer wasserreiche Gemüse wie Tomaten, Auberginen oder Bio-Gurken)

- ★ frische oder TK-Kräuter wie Basilikum, Oregano, Thymian oder Rosmarin
- ★ Obst, je nach Angebot und Jahreszeit (Apfel, Beeren, Birne, Grapefruit, Melone, Orange, Zitrone)
- ★ Brot, Brötchen
- ★ Fisch und Meeresfrüchte (TK ist günstiger)
- ★ Aufschnitt
- ★ Pute, Schweinefleisch, Hackfleisch, Rindfleisch

VORRATSSCHRANK:

- ★ Hülsenfrüchte (Bohnen, Erbsen, Linsen, Kidneybohnen aus der Dose)
- ★ Sojaprodukte nach Belieben (Sojamilch, Sojasauce, Tofu)
- ★ Naturreis, Basmatireis, Risottoreis
- ★ Getreide & Müsli (Haferflocken, Couscous etc.)
- ★ Nudeln (Spaghetti, Penne, Suppennudeln)
- ★ kalt gepresstes Olivenöl (für kalte Speisen und Salate), Rapsöl (zum Braten)
- ★ Essig
- ★ Tomaten (ganz und stückig), Sauerkraut, Mais und weiße Bohnen aus der Dose
- ★ Gewürzgurken, Rote Bete
- ★ Fischkonserven
- ★ Knoblauch und Zwiebeln (dunkel und kühl lagern)
- ★ Kartoffeln (dunkel, kühl und nicht neben Zwiebeln lagern)
- ★ gekörnte Gemüsebrühe, Hühner- und Rinderbrühe
- ★ Meersalz, schwarzer Pfeffer, Cayennepfeffer
- ★ Tomatenmark
- ★ Ketchup
- ★ Senf
- ★ Zucker, Salz und Pfeffer
- ★ Gewürze und getrocknete Kräuter
- ★ Mehl
- ★ Kaffee und Tee

KÜHLSCHRANK:

- ★ Käse (Schnitt- und/oder Hartkäse)
- ★ Salami, gekochter Schinken, roher Schinken (nach Belieben)
- ★ Frischkäse
- ★ Quark, Joghurt
- ★ Mozzarella (light)
- ★ frische Nudeln (z.B. Spätzle)
- ★ Butter
- ★ Milch
- ★ Bio-Eier
- ★ Fruchtsaft

TIEFKÜHLFACH:

- ★ Fleisch, Fisch
- ★ Obst und Gemüse
- ★ Kräuter
- ★ Brot und Brötchen

➡ TIPP

AUGEN AUF BEIM FISCHKAUF

Fisch ist gesund, die meisten Fischbestände aber leiden. Wenn Du nachhaltig einkaufen willst, helfen die Bio- und Umweltsiegel (z.B. MSC). Fisch aus Aquakulturen meiden. Hierbei handelt es sich um Massenproduktion, oft mit Einsatz von Antibiotika. Empfehlenswert dagegen sind: Karpfen, Bio-Forelle, Bio-Garnelen (z.B. in den bekannten Discountern), Hering aus Teilen von Nordsee und Ostsee oder Seezunge aus europäischer Zucht. Aber: Fisch sollte immer eine besondere Mahlzeit sein, nichts für jeden Tag.

DIE KOST-FAST-NIX-LIEBLINGS-REZEPTE

Wir haben in unseren Rezepten nicht bei allen Zutaten den Zusatz „Bio“ verwendet. Schau selbst, welche Zutat Du bei Deinem Einkauf günstig in der Bio-Variante bekommst. BESSER IST ES IMMER.

Die Rezepte, bei denen Du dieses Icon findest, sind alle vegetarisch. Lässt Du Fisch, Geflügel oder Fleisch weg, werden auch viele andere Rezepte sofort Veggie.

VEGGIE

Einige der Rezepte auf den folgenden Seiten kommen Dir sicher bekannt vor. Wir haben ganz bewusst Klassiker und Lieblingsgerichte gesammelt, die alle superlecker sind. Was Du bisher vielleicht noch nicht wusstest: Wenn Du sie selbst zubereitest, sparst Du eine Menge Geld und machst Dich und alle Menschen, die mitessen dürfen, sehr glücklich.

PIZZA MARGHERITA VEGGIE

Mit diesem Grundrezept kannst Du auch Deine individuell belegte Pizza backen und Reste aus dem Kühlschrank verwerten.

Für 4 Portionen: 150 g Magerquark / 75 g Zucker / 1 Prise Salz / 6 EL Milch / 1 Ei / 1 Pck. Backpulver / 9 EL Sonnenblumenöl / 300 g Mehl / 2 Dosen Pizzatomaten (480 ml) / 200 g Mozzarella / 50 g Parmesan / Salz, schwarzer Pfeffer /4 Stängel Basilikum

1. Für den Quark-Öl-Teig in einer Schüssel Quark, Ei, 6 EL Öl, Milch, Zucker, Salz, Backpulver und Mehl mit den Knethaken des Rührgeräts kneten.

2. Backofen vorheizen (240 °C Ober- und Unterhitze, Umluft: 225 °C). Tomaten auf einem Sieb abtropfen lassen, mit Salz und Pfeffer würzen. Mozzarella in Stücke zupfen und mit dem Parmesan mischen.

3. Teig auf bemehlter Arbeitsfläche durchkneten. Backpapier auf Backblech legen und Teig dort ausrollen. Mit Tomaten und Käse belegen. 10 Minuten backen, bis der Rand gebräunt und der Käse zerlaufen ist. Mit 3 EL Öl beträufeln. Basilikumblätter zerzupfen und über die Pizza streuen. Vierteln und servieren.

MIT GEMÜSE

GEFÜLLTE PAPRIKA VEGGIE

MIT GEMÜSE

Ein einfaches pikantes Gericht, zu dem Weißbrot oder Reis hervorragend schmeckt.

Für 2 Portionen: 4 große rote Paprikaschoten / 1 Zwiebel / 2 Knoblauchzehen / 1 frische rote Chilischote / 300 g fertig gegarter Reis (Fleisch-Variante: 300 g Hackfleisch und 2 Eier) / 200 ml Gemüsebrühe / Salz, Pfeffer

1. Den Backofen auf 200 °C vorheizen. Paprikas waschen und die Deckel abschneiden. Kerne und Trennhäute innen entfernen. Zwiebel abziehen und klein hacken. Knoblauch abziehen, pressen oder fein hacken. Chilischote waschen und klein schneiden (Vorsicht: Danach unbedingt die Hände waschen!).

2. In einer Schüssel Zwiebeln, Knoblauch, Reis (300 g Hackfleisch und 2 Eier) und Chili verrühren. Salzen und pfeffern. Paprikaschoten mit der Masse füllen und in eine Auflaufform stellen. Die Gemüsebrühe dazugießen. Die Schoten 35 Minuten im Ofen (mittlere Schiene) garen. 2- bis 3-mal mit der Brühe aus der Form übergießen. Danach auf einem Teller anrichten und zum Servieren mit dem Gemüsesud beträufeln.

➔TIPP Für die Variante mit Fleisch statt Reis 300 g Hackfleisch und 2 Eier verwenden.

KARTOFFELPUFFER VEGGIE

Eine der billigsten und einfachsten, aber leckersten Mahlzeiten!

Zutaten für 6 Portionen: 1,5 kg mehlig kochende Kartoffeln / 3 Eier / 3 Knoblauchzehen / 150 g Mehl (Typ 405) / 9 EL Rapsöl / Salz und Pfeffer

1. Rohe Kartoffeln waschen, schälen und auf der Vierkantreibe raspeln. Knoblauch abziehen und sehr fein schneiden oder mit einer Knoblauchpresse zerdrücken.

2. Die geriebenen Kartoffeln in einem Sieb gut ausdrücken, damit das Wasser ablaufen kann. In einer Schüssel Mehl, Knoblauch, Eier und Kartoffeln vermischen, salzen und pfeffern.

3. Das Öl in einer tiefen Pfanne sehr heiß werden lassen. Die fertige Kartoffelmasse löffelweise in das heiße Fett geben und auf beiden Seiten bei mittlerer Hitze goldbraun backen. Auf Küchenpapier abtropfen lassen und im Ofen bei 120 °C warmhalten, bis alle Kartoffelpuffer fertig sind.

TIPP Dazu schmeckt Apfelmus!

MIT GEMÜSE

KARTOFFELWEDGES VEGGIE

Wie Pommes, nur viel besser. Wer mag, isst dazu Tofuschnitzel, Steak oder Putenschnitzel.

Für 4 Portionen: 1 kg vorwiegend festkochende Kartoffeln / 60 ml Rapsöl / 1 EL Salz / ½ TL Paprikapulver, edelsüß / Cayennepfeffer nach Belieben

1. Backofen auf 200 °C vorheizen. Kartoffeln schälen und in kaltes Wasser legen. Gründlich waschen und abgießen.

2. Je nach Größe der Länge nach vierteln oder sechsteln und mit dem Öl mischen. Die Hälfte des Salzes und Paprikapulvers über die Kartoffeln streuen. Wer es scharf mag: mit Cayennepfeffer würzen.

3. Backblech mit Backpapier auslegen. Darauf die Kartoffeln verteilen. Im Ofen (Mitte) 30 Minuten garen, dabei zweimal wenden. Die Wedges müssen goldbraun und knusprig sein. Danach mit dem übrigen Salz und Paprika nachwürzen.

➲TIPP Dazu schmeckt Mayonnaise, Ketchup oder auch Kräuter der Provence.

MIT GEMÜSE

KARTOFFEL-BLUMENKOHL-CURRY

VEGGIE

Mit diesem vegetarischen Gericht bringst Du einen asiatischen Hauch in Deine Küche!

Für 2 Portionen: Salz / 1 kleiner Blumenkohl / 250 g Kartoffeln / 1 Knoblauchzehe / 1 kl. Zwiebel / 1–2 EL Currypaste (Supermarkt; alternativ: Pulver) / 1–2 EL Sojasauce / ½ Dose Kokosmilch (200 ml) / 1 Msp. Cayennepfeffer / 1 EL Öl

1. In einem großen Topf Wasser zum Kochen bringen, ½ TL Salz dazugeben. Blumenkohl waschen, Röschen abtrennen. Kartoffeln schälen und in ca. 2 cm große Würfel schneiden. Beides ca. 8–10 Minuten köcheln lassen. Auf einem Sieb abseihen und ausdampfen lassen.

2. Zwiebel und Knoblauch abziehen und fein würfeln. In einer Pfanne das Öl erhitzen und Zwiebeln und Knoblauch darin kurz andünsten. Currypaste oder -pulver dazugeben und leicht anschwitzen. Mit der Kokosmilch ablöschen und gut verrühren. Mit Sojasauce würzen, Cayennepfeffer dazugeben.

3. Blumenkohl und Kartoffeln zum Curry geben und zugedeckt ca. 5–10 Minuten bei mittlerer Hitze ziehen lassen. Vor dem Servieren nochmal abschmecken.

KARTOFFELSALAT MIT GRÜNEM SPARGEL VEGGIE

Schmeckt pur oder als Beilage zu Fleisch oder Fisch.

Für 2 Portionen: ½ kg festkochende Kartoffeln / 75 g Joghurt / 100 g Crème fraîche / 2 EL Mayonnaise / 250 g frischer grüner Spargel / 2 EL Petersilie und Schnittlauch, fein gehackt / Zitronensaft / Salz, Pfeffer / 1 Prise Zucker

1. In einem Topf die Kartoffeln in 15–20 Minuten garen. Mit der Gabel prüfen, ob sie sich leicht einstechen lassen. Abkühlen lassen, dann pellen.

2. Spargel waschen und nur die Enden abschneiden (ca. 1–2 cm). Die Spargelstangen in 1–2 cm große Stücke schneiden und in einem Topf mit wenig Wasser, Salz und etwas Zitronensaft bissfest garen. Abtropfen lassen.

3. Für das Dressing in einer Salatschüssel den Joghurt mit Crème fraîche, Mayonnaise, Schnittlauch und Petersilie nach Geschmack verrühren. Mit Salz, Pfeffer, Zitronensaft und Zucker würzen. Kartoffeln in dünne Scheiben schneiden und mit dem Spargel vorsichtig unterheben.

➔TIPP Dazu schmecken Würstchen. Du kannst statt Spargel auch Radieschen, Essiggurkenstückchen und gewürfelte Zwiebeln zu dem Salat geben.

GEMÜSESUPPE VEGGIE

MIT GEMÜSE

Du kannst ganz leicht nach Geschmack variieren und für die Gefriertruhe vorkochen.

Für 2 Portionen: 750 ml Gemüsebrühe / 250 g Kartoffeln / ½ Stange Lauch / 2–3 Möhren / 1 Zucchini / 1 Stange Staudensellerie / 1–2 frische Tomaten (oder ½ Dose ganze Tomaten) / 125 g grüne Bohnen / Salz, Pfeffer / 25 g Parmesan / Oregano

1. Kartoffeln und Möhren schälen und in Würfel und Scheiben schneiden. Lauch längs halbieren, das Grün entfernen, waschen und in Halbringe schneiden. Bohnen waschen, Enden abknipsen, in kleine Stücke schneiden. Zucchini und Sellerie waschen und ebenfalls in Scheiben schneiden. Die Brühe in einem großen Topf aufkochen und die Hitze reduzieren. Das Gemüse einlegen und ca. 15 Minuten garen.

2. Tomaten mit heißem Wasser überbrühen und die Haut abziehen. Halbieren, mit einem Löffel entkernen. Das Fruchtfleisch in Würfel schneiden und in die Suppe geben. Mit Salz, Pfeffer und Oregano abschmecken. Auf Tellern verteilen, Parmesan darüber reiben und servieren.

➔TIPP In die Suppe passen zum Beispiel auch Blumenkohl, Brokkoli, Fenchel oder weiße Bohnen.

GRIECHISCHER SALAT VEGGIE

Ein leichtes Gericht, ideal für heiße Sommerabende – pur oder als Beilage.

Für 2 Portionen: 1 Bio-Salatgurke / 60 g schwarze Oliven (Dose) / 2 Tomaten / 1 mittelgroße Zwiebel / 200 g Schafskäse (Feta) / 1 rote Paprikaschote / 6 EL Olivenöl / 1 Knoblauchzehe / Salz, Pfeffer / Oregano / 2 EL Zitronensaft / eingelegte Peperoni (nach Belieben)

1. Die Salatgurke schälen und in Würfel schneiden. Paprikaschote halbieren, entkernen, waschen und in 1 cm lange Streifen schneiden. Die Oliven abtropfen lassen. Die Tomaten waschen, halbieren, vierteln und in Würfel schneiden. Zwiebel schälen und in halbe, dünne Ringe schneiden. Den Feta-Käse in kleine Würfel schneiden. Knoblauch abziehen, fein hacken.

2. Alle Zutaten in eine Salatschüssel geben. Mit Salz, Pfeffer und Oregano würzen, Öl dazugeben, gut vermengen und mit Zitronensaft beträufeln. Mit den Peperoni garnieren.

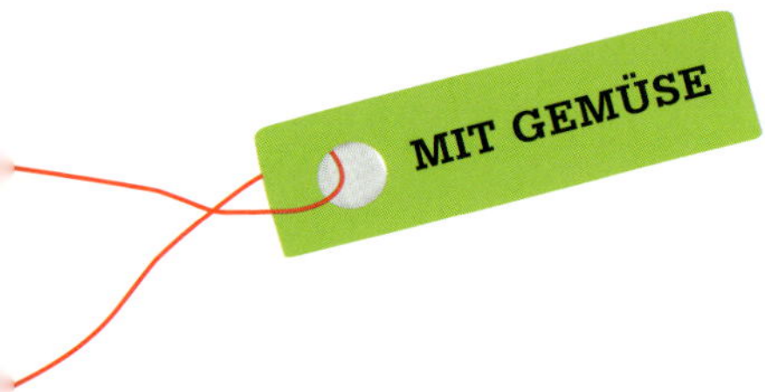

SPAGHETTI BOLOGNESE

MIT NUDELN

Kinder lieben Dich für das Gericht, die Bolognese schmeckt auch aufgekocht prima.

Zutaten für 2 Portionen: 1 Möhre / ½ Zwiebel / 1 kleine Knoblauchzehe / 100 g Spaghetti / 150 g gemischtes Hackfleisch / 1 EL Öl / 1 Dose Pizza-Tomaten (420 ml) / 2 TL Oregano und Basilikum, getrocknet / 40 g Parmesan oder Pecorino / Salz, Pfeffer

1. Die Möhre schälen und in kleine Würfel schneiden. Zwiebel und Knoblauch abziehen und fein würfeln. Öl in einer Pfanne erhitzen, Zwiebel mit Knoblauch darin bei mittlerer Hitze glasig dünsten. Hackfleisch dazugeben und unter Rühren anbraten, sodass es braun ist.

2. Tomaten mit Saft, Möhrenwürfel und Kräuter hinzufügen und alles vermischen. Sauce ca. 20 Minuten bei niedriger Hitze köcheln lassen. Kräftig mit Salz und Pfeffer würzen. Ab und zu umrühren.

3. Inzwischen reichlich Wasser in einem großen Topf kochen, leicht salzen und Spaghetti nach Packungsanleitung darin bissfest kochen. Danach in ein Sieb abgießen und mit der Sauce in tiefen Tellern servieren. Nach Belieben mit Käse bestreuen.

TIPP Du kannst auch noch klein gehackten Sellerie dazugeben und Thymian statt Basilikum verwenden.

FARFALLE MIT THUNFISCH

Ein Grundrezept für Schnellkocher, das Du mit Gemüse (Paprika, Zucchini oder Mais) leicht aufpeppen kannst.

Für 2 Portionen: 200 g Farfalle (oder Penne) / 1 Tomate / 1 Bund Basilikum / 1 Zwiebel / 100 ml Gemüsebrühe / 125 g Schlagsahne / 1 Dose Thunfisch (210 ml) / 2 EL Butter / etwas Zitronensaft / Salz, Pfeffer

1. Tomate halbieren, mit einem Teelöffel entkernen und das Fruchtfleisch würfeln. Basilikum abzupfen. Zwiebel würfeln. Nudeln in Salzwasser nach Anleitung bissfest kochen.

2. Butter in einer Pfanne erhitzen und Zwiebelwürfel darin glasig dünsten. Nach Belieben Gemüse wie Paprika, Zucchini oder Mais mit anbraten. Brühe und Sahne zugießen. Mit Zitronensaft, Salz und Pfeffer würzen. Den Thunfisch in einem Sieb abtropfen lassen, mit einer Gabel in Stücke zupfen und in der Sauce erwärmen. Tomatenwürfel dazugeben, mit Salz und Pfeffer abschmecken.

3. Nudeln abgießen und mit der Sauce anrichten. Mit Basilikum garnieren.

MIT NUDELN

GEBRATENE NUDELN MIT PUTE UND ANANAS

Die Portionen lassen sich leicht verdoppeln, etwa wenn Deine Kinder mal Freunde mitbringen.

Für 2 Portionen: 200 g Bandnudeln / 175 g Putenbrust / 50 ml Hühnerbrühe / 125 g Crème fraîche / ½ EL Currypulver / ½ Zucchini / 1 rote Paprikaschote / 50 g Ananas (auch Dose) / 1 ½ EL Öl / Salz, Pfeffer

1. In einem Topf die Nudeln nach Packungsanleitung kochen und in ein Sieb abgießen.

2. In der Zwischenzeit Putenbrust in fingerdicke Streifen schneiden. Das Gemüse in kleine Würfel schneiden. Für die Sauce Crème fraîche, Brühe und Curry in einem Topf erwärmen.

3. Öl in einer Pfanne erhitzen. Pute, Ananas und Gemüsewürfel nacheinander kräftig anbraten, dabei immer gut durchrühren, salzen und pfeffern. Dann die Sauce mit Fleisch, Gemüse und Ananas noch einmal in der Pfanne erhitzen. Mit den Nudeln vermischen und servieren.

➲TIPP Du kannst auch statt der Crème fraîche eine Dose Kokosmilch verwenden und statt der Nudeln Reis.

KÄSESPÄTZLE VEGGIE

Ein deftiges Gericht für alle, die großen Hunger haben.

Für 2 Portionen: 400 g frische Spätzle (aus der Kühltheke) / 100 g geriebenen Emmentaler / 2 kleine Zwiebeln / 15 g Butter / Salz

1. Für die Röstzwiebeln die Zwiebeln abziehen und in Ringe schneiden. ¼ der Butter in einer kleinen Pfanne zerlassen und die Zwiebelringe darin goldbraun anbraten.

2. Parallel dazu in einer großen Pfanne ebenfalls den Rest der Butter zerlassen und darin die Spätzle in ca. 5 Minuten bei mittlerer Hitze unter Rühren anbraten. Käse darüber streuen und unter Rühren schmelzen lassen.

3. Die Röstzwiebeln auf den Spätzle verteilen und servieren.

TIPP Dazu schmeckt ein gemischter Salat.

MIT NUDELN

REISSALAT MIT AVOCADO

MIT REIS

Leicht und lecker. Ideal zum Mitnehmen.

Für 2 Portionen: 200 g Reis / 100 g Hähnchenbrust / je 1 rote und gelbe Paprika / 1 kleine Avocado / 150 g Erbsen (TK) / 3 EL Öl / 2 TL Zitronensaft / 2 EL Essig / 2 EL Sojasauce / Salz, Pfeffer, Zucker

1. Den Reis in einem Topf nach Packungsanleitung garen, abgießen und in eine große Schüssel geben.

2. Die Hähnchenbrust klein schneiden. 1 EL Öl in einer Pfanne erhitzen und das Fleisch bei mittlerer Hitze darin anbraten, bis es durch ist.

3. Erbsen in ein Sieb geben und kurz mit heißem Wasser überbrühen, dann kalt abschrecken. Paprika waschen, putzen und in kleine Würfel schneiden. Avocado halbieren, entkernen und schälen. Das Fruchtfleisch in feine Spalten schneiden und mit 1 EL Zitronensaft beträufeln. Alles unter den Reis mischen.

4. Für das Dressing in einer kleinen Schüssel das übrige Öl mit dem restlichen Zitronensaft, Essig, Sojasauce, Salz, Pfeffer und Zucker verquirlen und gut unter den Salat mischen. Nochmals abschmecken, fertig.

➲TIPP Wenn Du statt Hähnchenbrust Tofuwürfel verwendest, hast Du ein leckeres Veggie-Gericht!

VEGGIE

BROKKOLI-RISOTTO MIT LACHS

MIT REIS

Nebenbei fernsehen geht nicht, sonst brennt Dein Risotto an!

Für 2 Portionen: 200 g Bio-Lachsfilet ohne Haut / 300 g Brokkoli / 1 kleine Zwiebel / 625 ml Hühnerbrühe / 2 EL Olivenöl / 150 g Risottoreis (oder Milchreis) / 2 TL Butter / 6 EL trockener Weißwein / Salz, schwarzer Pfeffer / 1 EL Zitronensaft / 50 g Parmesan

1. Lachs salzen, pfeffern und Zitronensaft darüber gießen. Brokkoli waschen und in Röschen teilen. Zwiebel abziehen und fein würfeln. Brühe aufkochen.

2. 1 EL Öl in einem Topf erhitzen, Zwiebel und Reis dazugeben, mitdünsten, bis beides goldgelb schimmert. Mit Wein ablöschen, einkochen, umrühren. Hälfte der Brühe dazugeben und bei schwacher Hitze unter Rühren 20 Minuten köcheln. Nach und nach die andere Hälfte der Brühe dazugeben und immer schön rühren.

3. In einer Pfanne das übrige Öl und die Butter schmelzen, Gemüse unter starker Hitze 3 Minuten anbraten. Zum Risotto geben und weitere 5 Minuten mitkochen. Lachs in der Pfanne im Bratfett 3–4 Minuten rundum anbraten, mit der Gabel zerzupfen und unter das Risotto heben. Wenn Du magst, kannst Du 50 g Parmesan reiben und darunterheben.

➲TIPP Das Risotto kannst Du unendlich variieren, je nachdem, was Deine Küche an Resten zu bieten hat: Probier's mal mit Pilzen und Zucchini oder Schinken und TK-Erbsen.

STRAMMER MAX

MIT EI

So hast Du nach einem langen Arbeitstag in 5 Minuten ein herzhaftes, warmes Essen auf dem Tisch!

Für 1 bis 2 Portionen: 2 Scheiben Landbrot / 4 Scheiben geräucherter Schinken / 2 Eier / Butter zum Bestreichen / 1 TL Öl / Salz, schwarzer Pfeffer

1. Die Brotscheiben mit Butter bestreichen und mit Schinken belegen. Wenn Du magst, kannst Du vorher den Schinken auch leicht in der Pfanne anbraten, wie hier auf dem Foto.

Das Öl in einer Pfanne auf mittlerer Stufe erhitzen. Eier hineinschlagen und ca. 2–3 Minuten braten. Wenn das Eiweiß fest ist, ist das Spiegelei fertig. Dann mit einem Schieber auf das Brot legen. Salzen und pfeffern und gleich servieren.

TIPP Dazu schmeckt ein gemischter Salat. Ein Essig-Öl-Dressing kannst Du auf Vorrat herstellen und in einer dunklen Flasche mit Schraubverschluss aufheben (nicht in den Kühlschrank stellen, das Öl wird dann klumpig). Dazu 100 ml Weißwein- oder Rotweinessig mit 100 ml kalter Gemüsebrühe, Salz, Pfeffer, etwas Zucker, 4 EL scharfem Senf und 200 ml Olivenöl gut verrühren und umfüllen. Nach Belieben noch trockene Kräuter zugeben.

HAMBURGER

MIT FLEISCH

So musst Du nie mehr zu McDonald's und Co. und sparst eine Menge Geld.

Für 1 Portion: 125 g Rinderhackfleisch / 1 Bio-Eigelb / ½ kleine Zwiebel / ½ TL mittelscharfer Senf / 1 EL Öl / 1 Vollkorn-Burger-Brötchen / drei Scheiben einer Bio-Gurke / ½ TL BBQ-Soße / 1 Scheibe Schmelzkäse, gegen Aufpreis Ziegenkäse oder Gouda (wenn man Käse mag, auf diesem Foto haben wir ihn weggelassen) / ⅓ rote Zwiebel / ¼ Avocado / 1 Tomatenscheibe / ½ Handvoll Salat nach Wahl, auf dem Foto wurde Feldsalat und Blattspinat verwendet, kann beliebig getauscht werden / Salz, schwarzer Pfeffer

1. Zwiebel abziehen und fein hacken. In einer Schüssel mit Hackfleisch, Eigelb und TL Senf, Salz und Pfeffer mischen. Daraus einen großen Burger-Patty formen.

2. 5–10 Minuten bei mittlerer Hitze gut durchbraten.

3. Brötchen quer halbieren. Schnittflächen über dem Toaster kurz anrösten. Je eine Hälfte mit BBQ-Soße und Ketchup bestreichen. Rote Zwiebel in dünne Ringe, die Avocado, sowie die Gurke in feine Scheiben schneiden. Auf die Hälfte mit dem Senf den Salat, die Käsescheibe, den Burger, die Avocado, die Gurkenscheiben, die Zwiebelringe, die Tomatenscheibe und ein weiteres Salatblatt legen. Zweite Brötchenhälfte darüberlegen und hineinbeißen.

➲ TIPP: Du hast Hackfleisch im Angebot gekauft? Dann verdopple oder verdreifache die Menge und friere die Patties ein. Statt Vollkorn-Burger-Brötchen gehen auch Toastbrot oder normale weiße Brötchen.

FRIKADELLEN

Dazu passt natürlich selbst gemachter Kartoffelsalat – immer ein Partyhit!

Für 2 Portionen: 300 g gemischtes Hackfleisch / 1 Zwiebel / 150 g altbackene Brötchen / 2 TL mittelscharfer Senf / 1 Ei / 2 EL TK-Petersilie / 5 EL Öl / Salz, Pfeffer

1. Brötchen in wenig Wasser 3 Minuten einweichen, ausdrücken, dann würfeln. Die Zwiebel abziehen und fein hacken.

2. Mit Petersilie und Senf unters Hackfleisch mischen, das Ei dazugeben. Mit Salz und Pfeffer würzen. Alles gut mit den Händen verkneten.

3. 4–6 gleich große Frikadellen formen und etwas platt drücken. Das Öl in einer Pfanne erhitzen. Die Frikadellen darin bei mittlerer Hitze ca. 10 Minuten braten und immer wieder wenden.

TIPP Ein Rezept für Kartoffelsalat findest Du auf Seite 56.

MIT FLEISCH

CHICKEN WINGS

Kinder lieben sie und Deine Partygäste auch. Am besten mit Kartoffelwedges servieren.

Für 2 Portionen (oder 4 mit Beilagen): 750 g Hähnchenflügel / 1 EL Senf / 4 EL Öl / 1 ½ EL Sojasauce / 1 EL Honig / 1 EL Tabasco / 2 Knoblauchzehen / ½ TL scharfes Paprikapulver / ½ TL Salz, Pfeffer

1. Hähnchenflügel waschen, mit Küchenpapier trocken tupfen und beiseitestellen.

2. Für die Marinade in einer größeren Schüssel Öl, Senf, Sojasauce, Honig und Tabasco verrühren. Knoblauchzehen abziehen, durch eine Knoblauchpresse drücken und zur Marinade geben. Die Gewürze unterrühren. Die Marinade über die Hähnchenflügel geben und im Kühlschrank mindestens 1 Stunde ziehen lassen.

3. Ein Backblech mit Backpapier belegen. Backofen bei 200 °C vorheizen. Dann die Flügel in 50 Minuten garen, nach der Hälfte der Backzeit wenden.

➲TIPP Ein Rezept für Kartoffelwedges findest Du auf Seite 52.

MIT GEFLÜGEL

SCHNITZEL WIENER ART

Wir machen es mit Schweinefleisch. Dazu passt hervorragend Kartoffel- oder/und Gurkensalat.

Für 2 Portionen: 2 Schweineschnitzel / Salz, Pfeffer / 2 EL Mehl / 1 Ei / 100 g Semmelbrösel / ½ Msp. Paprikapulver / ½ Tasse Milch / mind. 4 EL Rapsöl / 1 Zitrone

1. Die Schnitzel abwaschen, mit Küchenpapier trocken tupfen und flach klopfen. Mit Salz und Pfeffer würzen und mit Mehl bestäuben.

2. Ei verquirlen, Milch und Paprika unterrühren. Semmelbrösel in einen tiefen Teller streuen. Zuerst die Schnitzel im Ei und dann in den Semmelbröseln wenden.

3. Das Öl in einer Pfanne erhitzen und die Schnitzel einlegen, Hitze reduzieren und das Fleisch je nach Dicke in 10–15 Minuten von beiden Seiten braten, nach der Hälfte der Zeit wenden. Zitrone vierteln und dazu servieren.

➲TIPP Dazu schmecken Kartoffelwedges. Wenn Du die Menge verdoppelst, kannst Du Dir am nächsten Tag daraus ein Luxus-Sandwich für die Arbeit oder die Schule machen. Ein Salatblatt dazwischen, fertig.

MIT FLEISCH

LINSEN MIT SPECK

Schön deftig, schmeckt toll in der kalten Jahreszeit. Auf Vorrat kochen, schmeckt aufgewärmt superlecker!

Für 4 Portionen: 400 g Linsen (Dose) / 200 g Speckwürfel / 200 ml Gemüsebrühe / 2 TL Essig / 2 EL Mehl / 1 EL Rapsöl / 1 Bund Petersilie (oder TK) / Salz und Pfeffer / 1 Zwiebel

1. Zwiebel abziehen und fein hacken. Öl in einer Pfanne erhitzen. Zwiebel- und Speckwürfel in die Pfanne geben und anrösten.

2. Linsen zum Abtropfen in ein Sieb geben und kalt abspülen. Die Linsen in die Pfanne zu Zwiebeln und Speck geben und mit Mehl bestäuben. Mit Brühe aufgießen, bis die Linsen bedeckt sind. Essig unterrühren und 30 Minuten köcheln lassen. Mit Salz und Pfeffer würzen.

3. Petersilie fein hacken. Das Gericht auf Teller geben und mit der Petersilie bestreuen.

MIT FLEISCH

FORELLE MÜLLERIN

MIT FISCH

Für Fischliebhaber – dazu schmecken Pellkartoffeln mit flüssiger Butter.

Für 2 Portionen: 2 Forellen* (TK-Ware, vorher auftauen) / Zitronensaft / evtl. 40 g Mehl / Kräuter der Provence oder frische Kräuter / 2 EL Butterschmalz / 2 EL Butter, Salz und Pfeffer

1. Forellen waschen und trocken tupfen. Innen und außen mit Salz und Pfeffer würzen, innen mit Zitronensaft beträufeln und mit Kräutern füllen. Um sicher zu gehen, dass der Fisch nicht anbrennt, Mehl auf einem flachen Teller verstreuen und Forellen darin wenden. Du kannst auch darauf verzichten, wie hier auf dem Foto.

2. 2 EL Butterschmalz in einer Pfanne erhitzen. Forellen sofort darin anbraten. Nach 2–3 Minuten (wenn die Forellen Farbe angenommen haben) wenden, 1 EL Butter dazugeben und bei geringer Hitze zugedeckt ca. 5 Minuten durchziehen lassen.

3. Aus der Pfanne nehmen und sofort mit Beilagen nach Wahl servieren. Beim Anrichten die restliche Butter über den Fisch geben.

TIPP Ob die Forelle durch ist, merkst du, wenn Du beim Rücken auf die dickste Stelle drückst und das Fleisch unter dem Finger zur Seite weicht. **Du kannst auch einen Saibling kaufen, wie hier auf dem Foto. Der ist allerdings etwas teurer*

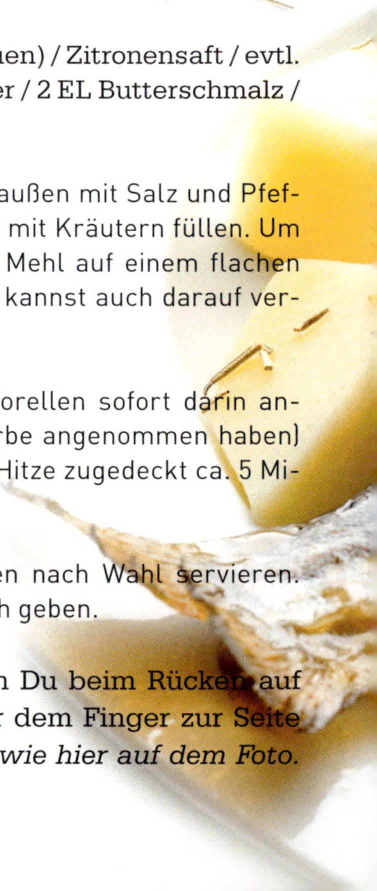

BRATAPFEL MIT VANILLESAUCE

VEGGIE

Für alte und junge Leckermäuler: So haben es schon Omas gemacht.

Für 4 Portionen: ½ Pck. Vanillesaucenpulver zum Kochen / 1 EL Vanillezucker / 2 EL Zucker / ¼ l Milch / 1 EL Rosinen / 6 EL Apfelsaft / 4 säuerliche Äpfel (z.B. Boskoop) / 1 EL Zitronensaft / 30 g gehackte Haselnüsse / 1 EL Crème fraîche (oder Schlagsahne) / 1 EL Honig / 2 Prisen Zimtpulver

1. Für die Sauce das Saucenpulver mit Vanillezucker und Zucker mischen. Von der Milch 3 EL abnehmen und unterrühren. Die restliche Milch zum Kochen bringen, vom Herd ziehen, die Pulvermischung unterrühren und nochmals aufkochen. Beiseitestellen und abkühlen lassen.

2. Äpfel waschen, Stiele entfernen und Kerngehäuse von unten her mit einem Messer ausschneiden. Mit Zitronensaft beträufeln.

3. Ofen auf 180 °C Umluft vorheizen. Apfelsaft in eine ofenfeste Form gießen. Äpfel in die Form setzen. In einer Schüssel Nüsse, Rosinen, Crème fraîche oder Schlagsahne, Honig und Zimt verrühren. Mit einem Teelöffel in die Äpfel füllen und im Ofen 25 Minuten braten. Mit Vanillesauce servieren.

MIT OBST

APFEL-PFANNKUCHEN VEGGIE

Das lieben Kinder als Hauptgericht und Erwachsene auch mal zum Nachtisch.

Für 2 Portionen: 1 Apfel / 2 Eier / 2 EL Zucker / 1 Prise Salz / ¼ TL Zimtpulver / ⅛ l Milch / 100 g Mehl / nach Belieben 2 EL Rosinen / 1 EL Butterschmalz oder Butter

1. Apfel waschen, vierteln, vom Kerngehäuse befreien und das Fruchtfleisch in Spalten schneiden. Eier, Zucker, Salz, Zimt und Milch in einer Schüssel mit dem Schneebesen verquirlen. Mehl und Rosinen nach Belieben unterrühren.

2. Butterschmalz oder Butter in einer Pfanne erhitzen. Die Hälfte des Teigs hineingeben und zerlaufen lassen. Die Hälfte der Apfelspalten darauf geben. 2–3 Minuten bei mittlerer Hitze zugedeckt backen, bis die Unterseite goldgelb ist. Wenden und auf der anderen Seite weitere 2 Minuten fertig backen. Mit dem Rest des Teigs genauso verfahren.

TIPP Statt mit den Apfelspalten kannst Du die Pfannkuchen auch einfach so und ohne Rosinen backen und dann zum Beispiel mit Marmelade bestreichen.

MIT OBST

PFLAUMENKUCHEN VEGGIE

MIT OBST

Den Teig kannst Du auch mit Äpfeln und Kirschen aus dem Glas belegen. Du magst es lieber pikant? Einfach mit Zwiebeln, Schinken oder mit Pizzazutaten belegen.

Für 8–12 Stücke: Für den Teig: 150 g Magerquark / 75 g Zucker / 1 Prise Salz / 4 EL Milch / 1 Pck. Backpulver / 4 EL Sonnenblumenöl / 300 g Mehl

Für den Belag: 700 g Pflaumen / 3 EL Öl / Zucker und Zimt nach Belieben

1. Eine Springform fetten. In einer Schüssel Quark, Öl, Milch, Zucker, Salz, Backpulver und Mehl mit den Knethaken des Rührgeräts kneten. Den Teig ausrollen, auf den Springformboden geben, den Ring von der Springform darumlegen und einen kleinen Teigrand hochziehen.

2. Die Pflaumen waschen, entkernen, halbieren oder vierteln und auf dem Teig verteilen. 3 EL Öl darüber träufeln. Zucker und Zimt nach Belieben mischen und einen Teil davon darüber streuen.

3. Ofen bei 200 °C vorheizen. Den Kuchen bei 200 °C 20–25 Minuten backen, dann aus dem Ofen nehmen und noch einmal mit dem Zucker-Zimtgemisch bestreuen.

TIPP Wenn der Teig noch zu klebrig ist, etwas Mehl dazugeben.

NOTIZEN

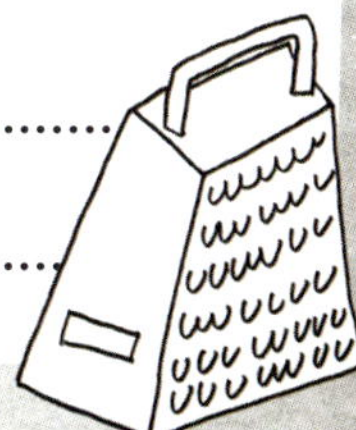

DU WILLST NOCH MEHR LECKERE UND GÜNSTIGE REZEPTE?

Es geht weiter mit 29 neuen, leckeren Rezepten, die Deinen Geldbeutel schonen. Plus noch mehr Tipps und Tricks rund ums gesunde, schnelle, und günstige Kochen.

KOST-FAST-NIX 2, im Herbst 2017 für Dich im Buchhandel